I0468675

Livre chronologique des recettes et registre des achats pour auto-entrepreneur

Conforme aux obligations comptables des auto-entrepreneurs.

Registre Légal de France

ISBN-13 : 978-1530291823

ISBN-10 : 1530291828

Société : ……………………………………………

N° Siret : …………………………………………

Adresse : …………………………………………

………………………………………………………

………………………………………………………

Rappel sommaire des obligations comptables des auto-entrepreneurs :

L'auto-entrepreneur doit tenir à jour un **livre des recettes encaissées**, ordonné de façon chronologique, contenant les mentions suivantes :

- montant et origine des recettes,
- mode de règlement (chèque, espèces ou autres),
- références des pièces justificatives (numérotation des factures, notes, etc.).

En outre, le **registre des achats** est obligatoire lorsque l'activité consiste principalement à vendre des marchandises, fournitures et denrées à consommer sur place ou à emporter, ou à fournir des prestations d'hébergement.
Il doit récapituler chaque année le détail des achats engagés pour l'activité de l'auto-entrepreneur et préciser le mode de règlement et les références des pièces justificatives (factures, notes, etc.).

Plafond d'encaissement en espèces :

Afin de lutter contre le blanchiment d'argent, il est interdit à tous les professionnels, ainsi qu'aux particuliers résidant fiscalement en France, de régler en espèces une dette supérieure à 1 000 €.

Commentaire sur la présentation de ce registre :

Il vous est vivement conseillé de reporter le total d'une page sur la première ligne de la page suivante, afin de faire coïncider les totaux par période avec vos déclarations de chiffre d'affaires.

Livre chronologique des recettes

Période : ……………………..….

Ligne	Date	Référence de la pièce	Client	Nature	Montant	Encaissement (espèces, chèque, virement...)
1						
2						
3						
4						
5						
6						
7						
8						
9						
10						
11						
12						
13						
14						
15						
16						
17						
18						
19						
20						
21						
22						
23						
24						
25						
26						
27						
28						
29						
30						
				Total		

Registre des achats

Période : ……………………..….

Ligne	Date	Référence de la pièce	Fournisseur	Nature	Montant	Mode de paiement (espèces, chèque, virement...)
1						
2						
3						
4						
5						
6						
7						
8						
9						
10						
11						
12						
13						
14						
15						
16						
17						
18						
19						
20						
21						
22						
23						
24						
25						
26						
27						
28						
29						
30						
				Total		

Livre chronologique des recettes **Période : ……………………..….**

Ligne	Date	Référence de la pièce	Client	Nature	Montant	Encaissement (espèces, chèque, virement...)
1						
2						
3						
4						
5						
6						
7						
8						
9						
10						
11						
12						
13						
14						
15						
16						
17						
18						
19						
20						
21						
22						
23						
24						
25						
26						
27						
28						
29						
30						
				Total		

Registre des achats **Période : …………………..….**

Ligne	Date	Référence de la pièce	Fournisseur	Nature	Montant	Mode de paiement (espèces, chèque, virement...)
1						
2						
3						
4						
5						
6						
7						
8						
9						
10						
11						
12						
13						
14						
15						
16						
17						
18						
19						
20						
21						
22						
23						
24						
25						
26						
27						
28						
29						
30						
				Total		

Livre chronologique des recettes **Période : …………………..…**

Ligne	Date	Référence de la pièce	Client	Nature	Montant	Encaissement (espèces, chèque, virement...)
1						
2						
3						
4						
5						
6						
7						
8						
9						
10						
11						
12						
13						
14						
15						
16						
17						
18						
19						
20						
21						
22						
23						
24						
25						
26						
27						
28						
29						
30						
				Total		

Registre des achats **Période : ……………………..….**

Ligne	Date	Référence de la pièce	Fournisseur	Nature	Montant	Mode de paiement (espèces, chèque, virement...)
1						
2						
3						
4						
5						
6						
7						
8						
9						
10						
11						
12						
13						
14						
15						
16						
17						
18						
19						
20						
21						
22						
23						
24						
25						
26						
27						
28						
29						
30						
				Total		

Livre chronologique des recettes **Période : ……………………..…**

Ligne	Date	Référence de la pièce	Client	Nature	Montant	Encaissement (espèces, chèque, virement...)
1						
2						
3						
4						
5						
6						
7						
8						
9						
10						
11						
12						
13						
14						
15						
16						
17						
18						
19						
20						
21						
22						
23						
24						
25						
26						
27						
28						
29						
30						
				Total		

Registre des achats **Période : …………………….…..**

Ligne	Date	Référence de la pièce	Fournisseur	Nature	Montant	Mode de paiement (espèces, chèque, virement...)
1						
2						
3						
4						
5						
6						
7						
8						
9						
10						
11						
12						
13						
14						
15						
16						
17						
18						
19						
20						
21						
22						
23						
24						
25						
26						
27						
28						
29						
30						
				Total		

Livre chronologique des recettes **Période : ……………………..….**

Ligne	Date	Référence de la pièce	Client	Nature	Montant	Encaissement (espèces, chèque, virement...)
1						
2						
3						
4						
5						
6						
7						
8						
9						
10						
11						
12						
13						
14						
15						
16						
17						
18						
19						
20						
21						
22						
23						
24						
25						
26						
27						
28						
29						
30						
				Total		

Registre des achats **Période : ……………………..….**

Ligne	Date	Référence de la pièce	Fournisseur	Nature	Montant	Mode de paiement (espèces, chèque, virement...)
1						
2						
3						
4						
5						
6						
7						
8						
9						
10						
11						
12						
13						
14						
15						
16						
17						
18						
19						
20						
21						
22						
23						
24						
25						
26						
27						
28						
29						
30						
				Total		

Livre chronologique des recettes **Période : …………………..….**

Ligne	Date	Référence de la pièce	Client	Nature	Montant	Encaissement (espèces, chèque, virement...)
1						
2						
3						
4						
5						
6						
7						
8						
9						
10						
11						
12						
13						
14						
15						
16						
17						
18						
19						
20						
21						
22						
23						
24						
25						
26						
27						
28						
29						
30						
				Total		

Registre des achats **Période : ……………………..….**

Ligne	Date	Référence de la pièce	Fournisseur	Nature	Montant	Mode de paiement (espèces, chèque, virement...)
1						
2						
3						
4						
5						
6						
7						
8						
9						
10						
11						
12						
13						
14						
15						
16						
17						
18						
19						
20						
21						
22						
23						
24						
25						
26						
27						
28						
29						
30						
				Total		

Livre chronologique des recettes **Période : ……………………..….**

Ligne	Date	Référence de la pièce	Client	Nature	Montant	Encaissement (espèces, chèque, virement...)
1						
2						
3						
4						
5						
6						
7						
8						
9						
10						
11						
12						
13						
14						
15						
16						
17						
18						
19						
20						
21						
22						
23						
24						
25						
26						
27						
28						
29						
30						
				Total		

Registre des achats **Période : ……………………..….**

Ligne	Date	Référence de la pièce	Fournisseur	Nature	Montant	Mode de paiement (espèces, chèque, virement...)
1						
2						
3						
4						
5						
6						
7						
8						
9						
10						
11						
12						
13						
14						
15						
16						
17						
18						
19						
20						
21						
22						
23						
24						
25						
26						
27						
28						
29						
30						
				Total		

Livre chronologique des recettes **Période : ……………………..….**

Ligne	Date	Référence de la pièce	Client	Nature	Montant	Encaissement (espèces, chèque, virement...)
1						
2						
3						
4						
5						
6						
7						
8						
9						
10						
11						
12						
13						
14						
15						
16						
17						
18						
19						
20						
21						
22						
23						
24						
25						
26						
27						
28						
29						
30						
				Total		

Registre des achats **Période : ……………………..….**

Ligne	Date	Référence de la pièce	Fournisseur	Nature	Montant	Mode de paiement (espèces, chèque, virement...)
1						
2						
3						
4						
5						
6						
7						
8						
9						
10						
11						
12						
13						
14						
15						
16						
17						
18						
19						
20						
21						
22						
23						
24						
25						
26						
27						
28						
29						
30						
				Total		

Livre chronologique des recettes **Période : ……………………..….**

Ligne	Date	Référence de la pièce	Client	Nature	Montant	Encaissement (espèces, chèque, virement...)
1						
2						
3						
4						
5						
6						
7						
8						
9						
10						
11						
12						
13						
14						
15						
16						
17						
18						
19						
20						
21						
22						
23						
24						
25						
26						
27						
28						
29						
30						
				Total		

Registre des achats **Période : ……………………..….**

Ligne	Date	Référence de la pièce	Fournisseur	Nature	Montant	Mode de paiement (espèces, chèque, virement...)
1						
2						
3						
4						
5						
6						
7						
8						
9						
10						
11						
12						
13						
14						
15						
16						
17						
18						
19						
20						
21						
22						
23						
24						
25						
26						
27						
28						
29						
30						
				Total		

Livre chronologique des recettes **Période : ………………………..….**

Ligne	Date	Référence de la pièce	Client	Nature	Montant	Encaissement (espèces, chèque, virement...)
1						
2						
3						
4						
5						
6						
7						
8						
9						
10						
11						
12						
13						
14						
15						
16						
17						
18						
19						
20						
21						
22						
23						
24						
25						
26						
27						
28						
29						
30						
				Total		

Registre des achats

Période : ……………………..….

Ligne	Date	Référence de la pièce	Fournisseur	Nature	Montant	Mode de paiement (espèces, chèque, virement...)
1						
2						
3						
4						
5						
6						
7						
8						
9						
10						
11						
12						
13						
14						
15						
16						
17						
18						
19						
20						
21						
22						
23						
24						
25						
26						
27						
28						
29						
30						
				Total		

Livre chronologique des recettes **Période : …………………...…**

Ligne	Date	Référence de la pièce	Client	Nature	Montant	Encaissement (espèces, chèque, virement...)
1						
2						
3						
4						
5						
6						
7						
8						
9						
10						
11						
12						
13						
14						
15						
16						
17						
18						
19						
20						
21						
22						
23						
24						
25						
26						
27						
28						
29						
30						
				Total		

Registre des achats **Période : ……………………..….**

Ligne	Date	Référence de la pièce	Fournisseur	Nature	Montant	Mode de paiement (espèces, chèque, virement...)
1						
2						
3						
4						
5						
6						
7						
8						
9						
10						
11						
12						
13						
14						
15						
16						
17						
18						
19						
20						
21						
22						
23						
24						
25						
26						
27						
28						
29						
30						
				Total		

Livre chronologique des recettes **Période : ………………………..….**

Ligne	Date	Référence de la pièce	Client	Nature	Montant	Encaissement (espèces, chèque, virement...)
1						
2						
3						
4						
5						
6						
7						
8						
9						
10						
11						
12						
13						
14						
15						
16						
17						
18						
19						
20						
21						
22						
23						
24						
25						
26						
27						
28						
29						
30						
				Total		

Registre des achats **Période : …………………….…**

Ligne	Date	Référence de la pièce	Fournisseur	Nature	Montant	Mode de paiement (espèces, chèque, virement...)
1						
2						
3						
4						
5						
6						
7						
8						
9						
10						
11						
12						
13						
14						
15						
16						
17						
18						
19						
20						
21						
22						
23						
24						
25						
26						
27						
28						
29						
30						
				Total		

Livre chronologique des recettes **Période : ……………………..…**

Ligne	Date	Référence de la pièce	Client	Nature	Montant	Encaissement (espèces, chèque, virement...)
1						
2						
3						
4						
5						
6						
7						
8						
9						
10						
11						
12						
13						
14						
15						
16						
17						
18						
19						
20						
21						
22						
23						
24						
25						
26						
27						
28						
29						
30						
				Total		

Registre des achats **Période : …………………….…..**

Ligne	Date	Référence de la pièce	Fournisseur	Nature	Montant	Mode de paiement (espèces, chèque, virement...)
1						
2						
3						
4						
5						
6						
7						
8						
9						
10						
11						
12						
13						
14						
15						
16						
17						
18						
19						
20						
21						
22						
23						
24						
25						
26						
27						
28						
29						
30						
				Total		

Livre chronologique des recettes **Période : ……………………..….**

Ligne	Date	Référence de la pièce	Client	Nature	Montant	Encaissement (espèces, chèque, virement...)
1						
2						
3						
4						
5						
6						
7						
8						
9						
10						
11						
12						
13						
14						
15						
16						
17						
18						
19						
20						
21						
22						
23						
24						
25						
26						
27						
28						
29						
30						
				Total		

Registre des achats **Période : ………………………..….**

Ligne	Date	Référence de la pièce	Fournisseur	Nature	Montant	Mode de paiement (espèces, chèque, virement...)
1						
2						
3						
4						
5						
6						
7						
8						
9						
10						
11						
12						
13						
14						
15						
16						
17						
18						
19						
20						
21						
22						
23						
24						
25						
26						
27						
28						
29						
30						
				Total		

Livre chronologique des recettes **Période : ……………………..….**

Ligne	Date	Référence de la pièce	Client	Nature	Montant	Encaissement (espèces, chèque, virement...)
1						
2						
3						
4						
5						
6						
7						
8						
9						
10						
11						
12						
13						
14						
15						
16						
17						
18						
19						
20						
21						
22						
23						
24						
25						
26						
27						
28						
29						
30						
				Total		

Registre des achats **Période : …………………..…**

Ligne	Date	Référence de la pièce	Fournisseur	Nature	Montant	Mode de paiement (espèces, chèque, virement...)
1						
2						
3						
4						
5						
6						
7						
8						
9						
10						
11						
12						
13						
14						
15						
16						
17						
18						
19						
20						
21						
22						
23						
24						
25						
26						
27						
28						
29						
30						
				Total		

Livre chronologique des recettes **Période : ……………………..….**

Ligne	Date	Référence de la pièce	Client	Nature	Montant	Encaissement (espèces, chèque, virement...)
1						
2						
3						
4						
5						
6						
7						
8						
9						
10						
11						
12						
13						
14						
15						
16						
17						
18						
19						
20						
21						
22						
23						
24						
25						
26						
27						
28						
29						
30						
				Total		

Registre des achats **Période : ……………………..….**

Ligne	Date	Référence de la pièce	Fournisseur	Nature	Montant	Mode de paiement (espèces, chèque, virement...)
1						
2						
3						
4						
5						
6						
7						
8						
9						
10						
11						
12						
13						
14						
15						
16						
17						
18						
19						
20						
21						
22						
23						
24						
25						
26						
27						
28						
29						
30						
				Total		

Livre chronologique des recettes **Période : ……………………..….**

Ligne	Date	Référence de la pièce	Client	Nature	Montant	Encaissement (espèces, chèque, virement...)
1						
2						
3						
4						
5						
6						
7						
8						
9						
10						
11						
12						
13						
14						
15						
16						
17						
18						
19						
20						
21						
22						
23						
24						
25						
26						
27						
28						
29						
30						
				Total		

Registre des achats

Période : ……………………..….

Ligne	Date	Référence de la pièce	Fournisseur	Nature	Montant	Mode de paiement (espèces, chèque, virement...)
1						
2						
3						
4						
5						
6						
7						
8						
9						
10						
11						
12						
13						
14						
15						
16						
17						
18						
19						
20						
21						
22						
23						
24						
25						
26						
27						
28						
29						
30						
				Total		

Livre chronologique des recettes **Période : ……………………..…**

Ligne	Date	Référence de la pièce	Client	Nature	Montant	Encaissement (espèces, chèque, virement...)
1						
2						
3						
4						
5						
6						
7						
8						
9						
10						
11						
12						
13						
14						
15						
16						
17						
18						
19						
20						
21						
22						
23						
24						
25						
26						
27						
28						
29						
30						
				Total		

Registre des achats **Période : ……………………..….**

Ligne	Date	Référence de la pièce	Fournisseur	Nature	Montant	Mode de paiement (espèces, chèque, virement...)
1						
2						
3						
4						
5						
6						
7						
8						
9						
10						
11						
12						
13						
14						
15						
16						
17						
18						
19						
20						
21						
22						
23						
24						
25						
26						
27						
28						
29						
30						
				Total		

Livre chronologique des recettes **Période : …………………..…**

Ligne	Date	Référence de la pièce	Client	Nature	Montant	Encaissement (espèces, chèque, virement...)
1						
2						
3						
4						
5						
6						
7						
8						
9						
10						
11						
12						
13						
14						
15						
16						
17						
18						
19						
20						
21						
22						
23						
24						
25						
26						
27						
28						
29						
30						
				Total		

Registre des achats **Période : …………………..…**

Ligne	Date	Référence de la pièce	Fournisseur	Nature	Montant	Mode de paiement (espèces, chèque, virement...)
1						
2						
3						
4						
5						
6						
7						
8						
9						
10						
11						
12						
13						
14						
15						
16						
17						
18						
19						
20						
21						
22						
23						
24						
25						
26						
27						
28						
29						
30						
				Total		

Livre chronologique des recettes **Période : ……………………..…**

Ligne	Date	Référence de la pièce	Client	Nature	Montant	Encaissement (espèces, chèque, virement...)
1						
2						
3						
4						
5						
6						
7						
8						
9						
10						
11						
12						
13						
14						
15						
16						
17						
18						
19						
20						
21						
22						
23						
24						
25						
26						
27						
28						
29						
30						
				Total		

Registre des achats **Période : ………………………..….**

Ligne	Date	Référence de la pièce	Fournisseur	Nature	Montant	Mode de paiement (espèces, chèque, virement...)
1						
2						
3						
4						
5						
6						
7						
8						
9						
10						
11						
12						
13						
14						
15						
16						
17						
18						
19						
20						
21						
22						
23						
24						
25						
26						
27						
28						
29						
30						
				Total		

Livre chronologique des recettes **Période : …………………..….**

Ligne	Date	Référence de la pièce	Client	Nature	Montant	Encaissement (espèces, chèque, virement...)
1						
2						
3						
4						
5						
6						
7						
8						
9						
10						
11						
12						
13						
14						
15						
16						
17						
18						
19						
20						
21						
22						
23						
24						
25						
26						
27						
28						
29						
30						
				Total		

Registre des achats **Période : ……………………..….**

Ligne	Date	Référence de la pièce	Fournisseur	Nature	Montant	Mode de paiement (espèces, chèque, virement...)
1						
2						
3						
4						
5						
6						
7						
8						
9						
10						
11						
12						
13						
14						
15						
16						
17						
18						
19						
20						
21						
22						
23						
24						
25						
26						
27						
28						
29						
30						
				Total		

Livre chronologique des recettes **Période : ……………………..…**

Ligne	Date	Référence de la pièce	Client	Nature	Montant	Encaissement (espèces, chèque, virement...)
1						
2						
3						
4						
5						
6						
7						
8						
9						
10						
11						
12						
13						
14						
15						
16						
17						
18						
19						
20						
21						
22						
23						
24						
25						
26						
27						
28						
29						
30						
				Total		

Registre des achats **Période : ……………………..….**

Ligne	Date	Référence de la pièce	Fournisseur	Nature	Montant	Mode de paiement (espèces, chèque, virement...)
1						
2						
3						
4						
5						
6						
7						
8						
9						
10						
11						
12						
13						
14						
15						
16						
17						
18						
19						
20						
21						
22						
23						
24						
25						
26						
27						
28						
29						
30						
				Total		

Livre chronologique des recettes **Période : …………………..…**

Ligne	Date	Référence de la pièce	Client	Nature	Montant	Encaissement (espèces, chèque, virement...)
1						
2						
3						
4						
5						
6						
7						
8						
9						
10						
11						
12						
13						
14						
15						
16						
17						
18						
19						
20						
21						
22						
23						
24						
25						
26						
27						
28						
29						
30						
				Total		

Registre des achats **Période : ……………………..….**

Ligne	Date	Référence de la pièce	Fournisseur	Nature	Montant	Mode de paiement (espèces, chèque, virement...)
1						
2						
3						
4						
5						
6						
7						
8						
9						
10						
11						
12						
13						
14						
15						
16						
17						
18						
19						
20						
21						
22						
23						
24						
25						
26						
27						
28						
29						
30						
				Total		

Livre chronologique des recettes **Période : …………………..….**

Ligne	Date	Référence de la pièce	Client	Nature	Montant	Encaissement (espèces, chèque, virement...)
1						
2						
3						
4						
5						
6						
7						
8						
9						
10						
11						
12						
13						
14						
15						
16						
17						
18						
19						
20						
21						
22						
23						
24						
25						
26						
27						
28						
29						
30						
				Total		

Registre des achats **Période : …………………..….**

Ligne	Date	Référence de la pièce	Fournisseur	Nature	Montant	Mode de paiement (espèces, chèque, virement...)
1						
2						
3						
4						
5						
6						
7						
8						
9						
10						
11						
12						
13						
14						
15						
16						
17						
18						
19						
20						
21						
22						
23						
24						
25						
26						
27						
28						
29						
30						
				Total		

Livre chronologique des recettes **Période : …………………..….**

Ligne	Date	Référence de la pièce	Client	Nature	Montant	Encaissement (espèces, chèque, virement...)
1						
2						
3						
4						
5						
6						
7						
8						
9						
10						
11						
12						
13						
14						
15						
16						
17						
18						
19						
20						
21						
22						
23						
24						
25						
26						
27						
28						
29						
30						
				Total		

Registre des achats **Période : ……………………..….**

Ligne	Date	Référence de la pièce	Fournisseur	Nature	Montant	Mode de paiement (espèces, chèque, virement…)
1						
2						
3						
4						
5						
6						
7						
8						
9						
10						
11						
12						
13						
14						
15						
16						
17						
18						
19						
20						
21						
22						
23						
24						
25						
26						
27						
28						
29						
30						
				Total		

Livre chronologique des recettes **Période : ……………………..…**

Ligne	Date	Référence de la pièce	Client	Nature	Montant	Encaissement (espèces, chèque, virement...)
1						
2						
3						
4						
5						
6						
7						
8						
9						
10						
11						
12						
13						
14						
15						
16						
17						
18						
19						
20						
21						
22						
23						
24						
25						
26						
27						
28						
29						
30						
				Total		

Registre des achats **Période : ………………………..….**

Ligne	Date	Référence de la pièce	Fournisseur	Nature	Montant	Mode de paiement (espèces, chèque, virement...)
1						
2						
3						
4						
5						
6						
7						
8						
9						
10						
11						
12						
13						
14						
15						
16						
17						
18						
19						
20						
21						
22						
23						
24						
25						
26						
27						
28						
29						
30						
				Total		

Livre chronologique des recettes **Période : ……………………..….**

Ligne	Date	Référence de la pièce	Client	Nature	Montant	Encaissement (espèces, chèque, virement...)
1						
2						
3						
4						
5						
6						
7						
8						
9						
10						
11						
12						
13						
14						
15						
16						
17						
18						
19						
20						
21						
22						
23						
24						
25						
26						
27						
28						
29						
30						
				Total		

Registre des achats **Période : ………………………..….**

Ligne	Date	Référence de la pièce	Fournisseur	Nature	Montant	Mode de paiement (espèces, chèque, virement...)
1						
2						
3						
4						
5						
6						
7						
8						
9						
10						
11						
12						
13						
14						
15						
16						
17						
18						
19						
20						
21						
22						
23						
24						
25						
26						
27						
28						
29						
30						
				Total		

Livre chronologique des recettes **Période : ……………………..….**

Ligne	Date	Référence de la pièce	Client	Nature	Montant	Encaissement (espèces, chèque, virement...)
1						
2						
3						
4						
5						
6						
7						
8						
9						
10						
11						
12						
13						
14						
15						
16						
17						
18						
19						
20						
21						
22						
23						
24						
25						
26						
27						
28						
29						
30						
				Total		

Registre des achats **Période : ……………………..….**

Ligne	Date	Référence de la pièce	Fournisseur	Nature	Montant	Mode de paiement (espèces, chèque, virement...)
1						
2						
3						
4						
5						
6						
7						
8						
9						
10						
11						
12						
13						
14						
15						
16						
17						
18						
19						
20						
21						
22						
23						
24						
25						
26						
27						
28						
29						
30						
				Total		

Livre chronologique des recettes **Période : ……………………..….**

Ligne	Date	Référence de la pièce	Client	Nature	Montant	Encaissement (espèces, chèque, virement...)
1						
2						
3						
4						
5						
6						
7						
8						
9						
10						
11						
12						
13						
14						
15						
16						
17						
18						
19						
20						
21						
22						
23						
24						
25						
26						
27						
28						
29						
30						
				Total		

Registre des achats **Période : …………………..….**

Ligne	Date	Référence de la pièce	Fournisseur	Nature	Montant	Mode de paiement (espèces, chèque, virement...)
1						
2						
3						
4						
5						
6						
7						
8						
9						
10						
11						
12						
13						
14						
15						
16						
17						
18						
19						
20						
21						
22						
23						
24						
25						
26						
27						
28						
29						
30						
				Total		

Livre chronologique des recettes **Période : ……………………..….**

Ligne	Date	Référence de la pièce	Client	Nature	Montant	Encaissement (espèces, chèque, virement...)
1						
2						
3						
4						
5						
6						
7						
8						
9						
10						
11						
12						
13						
14						
15						
16						
17						
18						
19						
20						
21						
22						
23						
24						
25						
26						
27						
28						
29						
30						
				Total		

Registre des achats **Période : …………………..….**

Ligne	Date	Référence de la pièce	Fournisseur	Nature	Montant	Mode de paiement (espèces, chèque, virement...)
1						
2						
3						
4						
5						
6						
7						
8						
9						
10						
11						
12						
13						
14						
15						
16						
17						
18						
19						
20						
21						
22						
23						
24						
25						
26						
27						
28						
29						
30						
				Total		

Livre chronologique des recettes **Période : …………………..….**

Ligne	Date	Référence de la pièce	Client	Nature	Montant	Encaissement (espèces, chèque, virement...)
1						
2						
3						
4						
5						
6						
7						
8						
9						
10						
11						
12						
13						
14						
15						
16						
17						
18						
19						
20						
21						
22						
23						
24						
25						
26						
27						
28						
29						
30						
				Total		

Registre des achats

Période : ……………………..….

Ligne	Date	Référence de la pièce	Fournisseur	Nature	Montant	Mode de paiement (espèces, chèque, virement...)
1						
2						
3						
4						
5						
6						
7						
8						
9						
10						
11						
12						
13						
14						
15						
16						
17						
18						
19						
20						
21						
22						
23						
24						
25						
26						
27						
28						
29						
30						
				Total		

Livre chronologique des recettes **Période : ……………………..….**

Ligne	Date	Référence de la pièce	Client	Nature	Montant	Encaissement (espèces, chèque, virement...)
1						
2						
3						
4						
5						
6						
7						
8						
9						
10						
11						
12						
13						
14						
15						
16						
17						
18						
19						
20						
21						
22						
23						
24						
25						
26						
27						
28						
29						
30						
				Total		

Registre des achats **Période : …………………..….**

Ligne	Date	Référence de la pièce	Fournisseur	Nature	Montant	Mode de paiement (espèces, chèque, virement...)
1						
2						
3						
4						
5						
6						
7						
8						
9						
10						
11						
12						
13						
14						
15						
16						
17						
18						
19						
20						
21						
22						
23						
24						
25						
26						
27						
28						
29						
30						
				Total		

Livre chronologique des recettes **Période : …………………..….**

Ligne	Date	Référence de la pièce	Client	Nature	Montant	Encaissement (espèces, chèque, virement...)
1						
2						
3						
4						
5						
6						
7						
8						
9						
10						
11						
12						
13						
14						
15						
16						
17						
18						
19						
20						
21						
22						
23						
24						
25						
26						
27						
28						
29						
30						
				Total		

Registre des achats **Période : ……………………..….**

Ligne	Date	Référence de la pièce	Fournisseur	Nature	Montant	Mode de paiement (espèces, chèque, virement...)
1						
2						
3						
4						
5						
6						
7						
8						
9						
10						
11						
12						
13						
14						
15						
16						
17						
18						
19						
20						
21						
22						
23						
24						
25						
26						
27						
28						
29						
30						
				Total		

Livre chronologique des recettes **Période : …………………..….**

Ligne	Date	Référence de la pièce	Client	Nature	Montant	Encaissement (espèces, chèque, virement…)
1						
2						
3						
4						
5						
6						
7						
8						
9						
10						
11						
12						
13						
14						
15						
16						
17						
18						
19						
20						
21						
22						
23						
24						
25						
26						
27						
28						
29						
30						
				Total		

Registre des achats **Période : …………………….….**

Ligne	Date	Référence de la pièce	Fournisseur	Nature	Montant	Mode de paiement (espèces, chèque, virement...)
1						
2						
3						
4						
5						
6						
7						
8						
9						
10						
11						
12						
13						
14						
15						
16						
17						
18						
19						
20						
21						
22						
23						
24						
25						
26						
27						
28						
29						
30						
				Total		

Livre chronologique des recettes **Période : ……………………..….**

Ligne	Date	Référence de la pièce	Client	Nature	Montant	Encaissement (espèces, chèque, virement...)
1						
2						
3						
4						
5						
6						
7						
8						
9						
10						
11						
12						
13						
14						
15						
16						
17						
18						
19						
20						
21						
22						
23						
24						
25						
26						
27						
28						
29						
30						
				Total		

Registre des achats **Période : …………………..….**

Ligne	Date	Référence de la pièce	Fournisseur	Nature	Montant	Mode de paiement (espèces, chèque, virement...)
1						
2						
3						
4						
5						
6						
7						
8						
9						
10						
11						
12						
13						
14						
15						
16						
17						
18						
19						
20						
21						
22						
23						
24						
25						
26						
27						
28						
29						
30						
				Total		

Livre chronologique des recettes **Période : ……………………..….**

Ligne	Date	Référence de la pièce	Client	Nature	Montant	Encaissement (espèces, chèque, virement...)
1						
2						
3						
4						
5						
6						
7						
8						
9						
10						
11						
12						
13						
14						
15						
16						
17						
18						
19						
20						
21						
22						
23						
24						
25						
26						
27						
28						
29						
30						
				Total		

Registre des achats **Période : ……………………..…**

Ligne	Date	Référence de la pièce	Fournisseur	Nature	Montant	Mode de paiement (espèces, chèque, virement...)
1						
2						
3						
4						
5						
6						
7						
8						
9						
10						
11						
12						
13						
14						
15						
16						
17						
18						
19						
20						
21						
22						
23						
24						
25						
26						
27						
28						
29						
30						
				Total		

Livre chronologique des recettes **Période : …………………..….**

Ligne	Date	Référence de la pièce	Client	Nature	Montant	Encaissement (espèces, chèque, virement...)
1						
2						
3						
4						
5						
6						
7						
8						
9						
10						
11						
12						
13						
14						
15						
16						
17						
18						
19						
20						
21						
22						
23						
24						
25						
26						
27						
28						
29						
30						
				Total		

Registre des achats **Période : …………………..…**

Ligne	Date	Référence de la pièce	Fournisseur	Nature	Montant	Mode de paiement (espèces, chèque, virement...)
1						
2						
3						
4						
5						
6						
7						
8						
9						
10						
11						
12						
13						
14						
15						
16						
17						
18						
19						
20						
21						
22						
23						
24						
25						
26						
27						
28						
29						
30						
				Total		

Livre chronologique des recettes **Période : ……………………..…**

Ligne	Date	Référence de la pièce	Client	Nature	Montant	Encaissement (espèces, chèque, virement...)
1						
2						
3						
4						
5						
6						
7						
8						
9						
10						
11						
12						
13						
14						
15						
16						
17						
18						
19						
20						
21						
22						
23						
24						
25						
26						
27						
28						
29						
30						
				Total		

Registre des achats **Période : …………………..…**

Ligne	Date	Référence de la pièce	Fournisseur	Nature	Montant	Mode de paiement (espèces, chèque, virement...)
1						
2						
3						
4						
5						
6						
7						
8						
9						
10						
11						
12						
13						
14						
15						
16						
17						
18						
19						
20						
21						
22						
23						
24						
25						
26						
27						
28						
29						
30						
				Total		

Livre chronologique des recettes **Période : ……………………..…**

Ligne	Date	Référence de la pièce	Client	Nature	Montant	Encaissement (espèces, chèque, virement...)
1						
2						
3						
4						
5						
6						
7						
8						
9						
10						
11						
12						
13						
14						
15						
16						
17						
18						
19						
20						
21						
22						
23						
24						
25						
26						
27						
28						
29						
30						
				Total		

Registre des achats **Période : ……………………..….**

Ligne	Date	Référence de la pièce	Fournisseur	Nature	Montant	Mode de paiement (espèces, chèque, virement...)
1						
2						
3						
4						
5						
6						
7						
8						
9						
10						
11						
12						
13						
14						
15						
16						
17						
18						
19						
20						
21						
22						
23						
24						
25						
26						
27						
28						
29						
30						
				Total		

Livre chronologique des recettes **Période : ……………………..….**

Ligne	Date	Référence de la pièce	Client	Nature	Montant	Encaissement (espèces, chèque, virement…)
1						
2						
3						
4						
5						
6						
7						
8						
9						
10						
11						
12						
13						
14						
15						
16						
17						
18						
19						
20						
21						
22						
23						
24						
25						
26						
27						
28						
29						
30						
				Total		

Registre des achats **Période : ……………………..…**

Ligne	Date	Référence de la pièce	Fournisseur	Nature	Montant	Mode de paiement (espèces, chèque, virement...)
1						
2						
3						
4						
5						
6						
7						
8						
9						
10						
11						
12						
13						
14						
15						
16						
17						
18						
19						
20						
21						
22						
23						
24						
25						
26						
27						
28						
29						
30						
				Total		

Livre chronologique des recettes **Période : ………………………..…**

Ligne	Date	Référence de la pièce	Client	Nature	Montant	Encaissement (espèces, chèque, virement...)
1						
2						
3						
4						
5						
6						
7						
8						
9						
10						
11						
12						
13						
14						
15						
16						
17						
18						
19						
20						
21						
22						
23						
24						
25						
26						
27						
28						
29						
30						
				Total		

Registre des achats **Période : ……………………..….**

Ligne	Date	Référence de la pièce	Fournisseur	Nature	Montant	Mode de paiement (espèces, chèque, virement...)
1						
2						
3						
4						
5						
6						
7						
8						
9						
10						
11						
12						
13						
14						
15						
16						
17						
18						
19						
20						
21						
22						
23						
24						
25						
26						
27						
28						
29						
30						
				Total		

Livre chronologique des recettes **Période : ……………………..….**

Ligne	Date	Référence de la pièce	Client	Nature	Montant	Encaissement (espèces, chèque, virement...)
1						
2						
3						
4						
5						
6						
7						
8						
9						
10						
11						
12						
13						
14						
15						
16						
17						
18						
19						
20						
21						
22						
23						
24						
25						
26						
27						
28						
29						
30						
				Total		

Registre des achats **Période : ……………………..….**

Ligne	Date	Référence de la pièce	Fournisseur	Nature	Montant	Mode de paiement (espèces, chèque, virement...)
1						
2						
3						
4						
5						
6						
7						
8						
9						
10						
11						
12						
13						
14						
15						
16						
17						
18						
19						
20						
21						
22						
23						
24						
25						
26						
27						
28						
29						
30						
				Total		

Livre chronologique des recettes **Période : ……………………..….**

Ligne	Date	Référence de la pièce	Client	Nature	Montant	Encaissement (espèces, chèque, virement...)
1						
2						
3						
4						
5						
6						
7						
8						
9						
10						
11						
12						
13						
14						
15						
16						
17						
18						
19						
20						
21						
22						
23						
24						
25						
26						
27						
28						
29						
30						
				Total		

Registre des achats **Période : ……………………..….**

Ligne	Date	Référence de la pièce	Fournisseur	Nature	Montant	Mode de paiement (espèces, chèque, virement...)
1						
2						
3						
4						
5						
6						
7						
8						
9						
10						
11						
12						
13						
14						
15						
16						
17						
18						
19						
20						
21						
22						
23						
24						
25						
26						
27						
28						
29						
30						
				Total		

Livre chronologique des recettes **Période : ……………………..…**

Ligne	Date	Référence de la pièce	Client	Nature	Montant	Encaissement (espèces, chèque, virement...)
1						
2						
3						
4						
5						
6						
7						
8						
9						
10						
11						
12						
13						
14						
15						
16						
17						
18						
19						
20						
21						
22						
23						
24						
25						
26						
27						
28						
29						
30						
				Total		

Registre des achats **Période : ……………………..…**

Ligne	Date	Référence de la pièce	Fournisseur	Nature	Montant	Mode de paiement (espèces, chèque, virement...)
1						
2						
3						
4						
5						
6						
7						
8						
9						
10						
11						
12						
13						
14						
15						
16						
17						
18						
19						
20						
21						
22						
23						
24						
25						
26						
27						
28						
29						
30						
				Total		

Livre chronologique des recettes **Période : ……………………..….**

Ligne	Date	Référence de la pièce	Client	Nature	Montant	Encaissement (espèces, chèque, virement...)
1						
2						
3						
4						
5						
6						
7						
8						
9						
10						
11						
12						
13						
14						
15						
16						
17						
18						
19						
20						
21						
22						
23						
24						
25						
26						
27						
28						
29						
30						
				Total		

Registre des achats **Période : ……………………..….**

Ligne	Date	Référence de la pièce	Fournisseur	Nature	Montant	Mode de paiement (espèces, chèque, virement...)
1						
2						
3						
4						
5						
6						
7						
8						
9						
10						
11						
12						
13						
14						
15						
16						
17						
18						
19						
20						
21						
22						
23						
24						
25						
26						
27						
28						
29						
30						
				Total		